최강 슈퍼히어로는 누구?

재미만만 그리스 로마 신화 4

최강 슈퍼히어로는 누구?

초판 1쇄 발행 2022년 1월 5일 | **초판 4쇄 발행** 2022년 6월 24일
글 송아주 | **그림** 김규택 | **감수** 김길수
발행인 이재진 | **편집장** 안경숙 | **편집 및 디자인** 구름돌, 김홍비 | **마케팅** 정지운, 김미정, 신희용, 박현아, 박소현 | **제작** 신홍섭
펴낸곳 (주)웅진씽크빅 | **주소** 경기도 파주시 회동길 20 (우)10881
문의전화 031)956-7403(편집), 02)3670-1191, 031)956-7065, 7069(마케팅) | **홈페이지** www.wjjunior.co.kr
블로그 wj_junior.blog.me | **페이스북** facebook.com/wjbook | **트위터** @wjbooks | **인스타그램** @woongjin_junior
출판신고 1980년 3월 29일 제406-2007-00046호 | **제조국** 대한민국

글 ⓒ송아주, 2022 | 그림 ⓒ김규택, 2022
저작권자와 맺은 특약에 따라 검인을 생략합니다.

웅진주니어는 (주)웅진씽크빅의 유아·아동·청소년 도서 브랜드입니다.
이 책은 저작권법에 따라 보호받는 저작물이므로 무단 전재와 무단 복제를 금지하며,
이 책 내용의 전부 또는 일부를 이용하려면 반드시 저작권자와 ㈜웅진씽크빅의 서면 동의를 받아야 합니다.

ISBN 978-89-01-25510-1 · 978-89-01-25506-4(세트)

* 잘못 만들어진 책은 바꾸어 드립니다.

⚠ 주의 1. 책 모서리가 날카로워 다칠 수 있으니 사람을 향해 던지거나 떨어뜨리지 마십시오.
　　　 2. 보관 시 직사광선이나 습기 찬 곳은 피해 주십시오.

일러두기
1. 이 책에 나오는 인명 및 지명 등은 국립국어원에서 펴낸 『표준국어대사전』을 기준으로 삼았습니다.
2. 그 외의 명칭은 외래어 표기법의 규정을 따랐습니다.

글 송아주 | 그림 김규택

웅진주니어

차례

프롤로그	6
기호 1. 운명이라면 기꺼이! 책임 완수 **카드모스**	8
기호 2. 두려움이란 무엇? 용기백배 **헤라클레스**	28
기호 3. 끝까지 실천한다! 적극 실천 **테세우스**	54
기호 4. 꽃보다 인내! 고난 극복 **아탈란타**	84
에필로그	100
계보에서 찾아라!	102

프롤로그

선택! 지상 최대의 한 표!
최강 슈퍼히어로는 누구?

그리스 로마 신화의 주인공은 신만이 아니다. 영웅시대를 이끈 사람 또한 주인공이다. 용감한 영웅들은 힘난한 모험에 당당하게 도전해서 괴물을 물리치고, 때로는 굳센 의지로 신과도 맞서 싸워 승리했다.

그렇게 눈앞에 놓인 자신의 운명과 고난을 극복해 나간 위대한 영웅들! 여기 왕중왕전에 오른 최종 톱 4! 이들 중 가장 빛나는 최강 슈퍼히어로 자리에 오를 이는 과연 누구일까?

손에 땀을 쥐게 할 흥미진진한 모험담을 들으며, 여러분도 마음속으로 투표해 보기를 바란다.

기호 1. 운명이라면 기꺼이!
책임 완수 카드모스

내가 슈퍼히어로 최종 톱 4에 올랐다고? 그것도 첫 번째로 올랐다니 정말 영광이다. 자, 이제부터 내가 겪은 모험담을 말해 볼까. 험험, 내 팬클럽 '전설의 용사' 회원들이 절대 겸손하지 말라고 그리 당부했건만 내 입으로 자랑하려니 괴물을 쓰러뜨리는 것보다 어렵구나.

어쨌든 나는 반드시 최강 슈퍼히어로가 되어야 한다. 그건 내 명예를 위해서가 아니라 나와 함께했던 용사들을 위해서지!

지금부터 내 모험담을 들려주마.

이름: 카드모스
국적: 티루스 -> 테베
출생: 아게노르와 텔레파사의 아들
배우자: 하르모니아
여동생: 에우로페

업적

테베 건국의 아버지로 황금빛 용 퇴치 보고서를 썼고,
신비의 괴물 기초 연구 자료를 남김.

영웅의 가방 속 아이템

비상 무기용 각종 괴물 이빨, 극지 야전용 전투 식량.

신체 약점

잃어버린 여동생을 찾느라 약해진 시력.

필살기

섬과 육지를 모두 섭렵할 수 있는 수륙 양용 전술의 달인.

주요 무기

칼, 창 그리고 지형지물을 이용하여 모든 것을
무기로 삼는 타고난 야전형 영웅.

전투력 ★★★★★	수비력 ★★★	스피드 ★★★
공격력 ★★★★	담력 ★★★★	회복력 ★★★

나 카드모스는 페니키아 티루스의 왕자로 태어나, 테베를 세운 전설의 영웅으로 알려졌다. 모험이 나를 영웅으로 만들었지만, 영웅이 되기 위해 일부러 모험을 떠나지는 않았다. 나는 여동생을 찾으러 다니다 맞닥뜨린 가혹한 운명을 기꺼이 받아들였을 뿐이다. 테베를 세우기까지.

나는 병사들을 이끌고 숲을 헤맸고, 미지의 늪지대를 건넜으며, 손발이 떨어져 나가도록 차디찬 얼음 강을 헤엄쳤다. 돌이켜 보면 테베라는 위대한 국가를 세울 수 있었던 강력한 힘은 여동생을 찾는 도중, 눈앞에 나타난 절체절명의 과제를 해결하면서 키워진 거였다. 나는 그런 내 삶이 마음에 든다.

내 모험의 시작은 앞서 말했다시피 여동생 에우로페의 실종 사건으로부터 시작되었다. 아버지 아게노르 왕이 금옥같이 애지중지하던 에우로페는 하늘의 별처럼 아리따운 아가씨였다. 그런데 어느 날, 에우로페가 감쪽같이 사라지는 바람에 나라 전체가 발칵 뒤집히고 말았다. 온 나라를 샅샅이 뒤져도 여동생의 흔적을 찾을 수가 없었다.

긴급 대책 회의
에우로페 공주, 어떻게 찾을 것인가?

- **델포이 신전 대표**
  궁금할 땐 신탁이 정답!

- **티루스 봉사 클럽 회장**
  우리가 모두 나설 때!

- **티루스 경찰청장**
  실종 신고는 112!

아버지는 에우로페가 사라지자, 딸 걱정에 밥은커녕 물 한 모금 마시지 못했다. 그러던 중에 마침내 목격자가 나타났다. 목격자는 에우로페가 새하얀 뿔이 달린 황소를 타고 어디론가 갔다고 말하더구나.

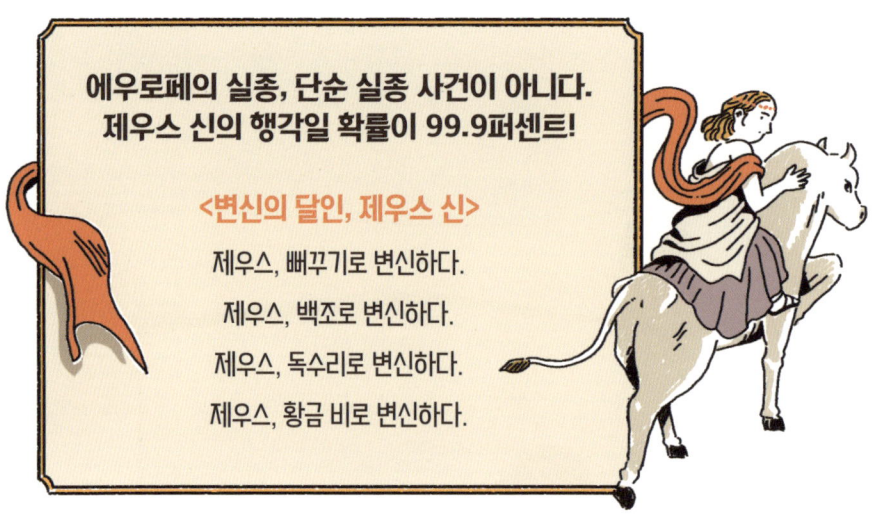

**에우로페의 실종, 단순 실종 사건이 아니다.
제우스 신의 행각일 확률이 99.9퍼센트!**

<변신의 달인, 제우스 신>

제우스, 뻐꾸기로 변신하다.
제우스, 백조로 변신하다.
제우스, 독수리로 변신하다.
제우스, 황금 비로 변신하다.

새하얀 뿔이 달린 황소라면? 제우스 신이 변신했을 가능성이 높았다. 능수능란한 변신술로 여러 여인을 납치했던 기록이 있었으니까. 아버지는 불같이 화를 내더니 나를 불러 호통쳤다.

"뭐 하고 있느냐? 당장 에우로페를 찾아 떠나지 않고. 만약 찾지 못하면 다시는 고향 땅을 밟을 생각도 하지 말라!"

나는 반드시 여동생을 찾으리라 다짐했다. 나 아니고는 그 누구도 에우로페를 찾아 나설 엄두조차 못 낼 테니까. 게다가 가장 사랑하는 내 여동생 아닌가.

떠나는 날 아침, 나는 병사들 앞에서 맹세했다.

"용감한 병사들이여! 이제 한 치 앞도 내다볼 수 없는 험난한 모험이 시작된다. 나는 너희들과 삶과 죽음을 함께할 것이다. 에우로페 공주를 기필코 찾아 고국으로 무사히 돌아오자."

"와아아!"

병사들은 함성으로 나에게 답했다.

그런데 어머니 텔레파사도 나를 따라나서겠다고 했다. 딸을 사랑하는 어머니 고집을 꺾을 수는 없었다.

나와 병사들은 고국을 떠나 올림포스가 있는 그리스로 향했다. 그 길은 한 번도 가 보지 않은 땅! 우리는 에우로페의 흔적을 찾으면서 앞으로 나아갔다.

하지만 우리가 거쳐 지나간 어느 곳에서도, 심지어 그리스에 도착해서조차 에우로페의 흔적을 찾을 수 없었다. 영원히 모험이 끝나지 않을 것만 같았다. 그런데 이런! 설상가상으로 모험에 따라나선 어머니가 안타깝게도 돌아가시고 말았다. 나는 신의 도움을 구하려고 델포이 신전으로 갔다.

"에우로페를 찾을 방법은 무엇입니까?"

"진작 찾아오지 그랬니? 답이 없는 문제로 고생만 했구나. 에우로페는 행복하게 있으니 찾지 말려무나. 신들의 문제에 개입하면 너만 다쳐. 그 대신 배에 보름달 무늬가 있는 흰 암소를 찾아. 암소를 찾거든 무조건 따라가. 쭉쭉 따라가다가 암소가 멈추면 거기서 멈춤! 그리고 그곳에 나라를 세워. 나라 이름은 '테베'라고 지어라! 신탁 이상 끝!"

델포이 여사제는 그렇게 말했다.

우리는 그길로 배에 보름달 무늬가 있는 흰 암소를 찾아 나섰다. 그렇게 얼마나 찾아 헤매고 다녔을까? 갑자기 병사 한 명이 소리쳤다.

새로운 나라를 세울 희망에 심장은 요동쳤다. 나는 아테나 여신에게 흰 암소를 제물로 바치기로 했다.

"너희는 숲으로 들어가 제사에 쓸 깨끗한 물을 구해 오너라."

그런데 아무리 기다려도 물을 구하러 간 병사들이 오지 않아 나머지 병사들을 보냈다. 홀로 남아 기다리는데 시간이 한참 흘러도 나중에 보낸 병사들마저 돌아오지 않더구나.

나는 단단히 무장을 하고 숲으로 병사들을 찾아 나섰다.

카드모스

[전술]
단독 전투,
목숨을 바쳐 맞서 싸운다.

[무기]
칼과 창.

아레스의 황금빛 용

[서식지] 동굴.
[식성] 잡식성.
[사냥 수법] 특이한 수법 없고, 잡히는 대로 그 자리에서 죽임.
[공격 수법] 이빨로 물어 죽이기, 몸통으로 조여 죽이기, 독기 뿜어 질식시켜 죽이기.
타격 레벨 ★★★
잔혹성 ★★★★★

숲 한가운데로 들어가자 아주 맑은 샘이 있었는데, 샘 주변에 처참하게 널브러진 병사들의 시체가 눈에 뜨였다. 범인은 바로, 샘 뒤쪽 동굴에 사는 용이었다. 용은 몸 전체가 황금빛 비늘로 덮여 똑바로 바라볼 수조차 없었다. 하지만 피로 물든 용의 입만은 뚜렷이 보였는데, 나와 생사고락을 같이한 병사들의 피였다.

황금빛 용을 없앴지만, 전혀 기쁘지 않았다. 나를 믿고 이곳까지 따라왔던 병사들을 졸지에 모두 잃었으니까.

내 심장은 갈가리 찢기는 것 같았다.

"이것이 운명을 충실히 따른 대가란 말인가?"

그때 갑자기 아테나 여신이 나타나더니 나에게 말했다.

"카드모스야, 황금빛 용의 이빨을 뽑아 땅에 뿌려라. 그리고 땅속에서 병사들이 나타나면 그들 사이로 돌을 던져라."

아테나 여신의 목소리를 듣고 놀라서 정신을 차리고 보니, 여신은 이미 사라지고 없었다. 나는 아테나 여신 말대로 용의 이빨을 뽑아 땅에 뿌렸다. 그러자 정말이지 놀라운 일이 벌어졌지 뭔가. 땅이 들썩거리며 움직이더니 뾰족한 창끝이 삐죽 솟아나는 거였다. 그다음에는 투구가, 곧이어 어깨와 가슴이 보이더니, 마침내 무장한 병사들이 모습을 드러냈다.

병사들은 나를 보더니 무기를 겨누며 덤벼들었다. 나는 아테나 여신이 일러 준 대로 병사들 사이로 돌을 던졌다.

그러자 병사들은 서로 돌을 던진 줄 알고 자기들끼리 싸우기 시작했다. 나는 놀라서 바라만 보고 있었다.
"앗, 뭐야? 네가 나에게 돌을 던진 거야?"
"무슨 소리야? 네가 먼저 던졌잖아!"
병사들은 서로를 향해 무기를 마구 휘둘렀고, 싸움이 끝났을 때는 모두 죽고 겨우 다섯 명만 살아남았다.
나는 살아남은 병사들을 정성껏 거두었고, 충성을 맹세하는 병사들에게 외쳤다.
"고귀하게 희생된 내 병사들의 피가 묻은 용의 이빨에서 태어난 용사들이여, 나와 함께 새로운 나라를 세우자!"
나는 가장 강한 다섯 명의 용사들과 신탁에 따라 마침내 테베를 세웠다.

드디어 위대한 나라 테베를 세웠지만 다른 운명이 기다리고 있을 줄이야. 나로 인해 신들 사이에 다툼이 벌어진 거였다. 전쟁의 신 아레스가 황금빛 용을 죽인 나를 용서하지 않겠다고 길길이 화를 냈다.

"소중한 내 아들을 죽이다니, 절대로 용서하지 않을 테다!"

"아레스, 참게나. 우리 모두 카드모스를 지켜보았잖는가? 그는 위대한 영웅일세."

신들은 격렬한 토론 끝에 의견을 모았다.

"카드모스를 죽이는 대신, 아레스의 노예로 8년 동안 살게 한다."

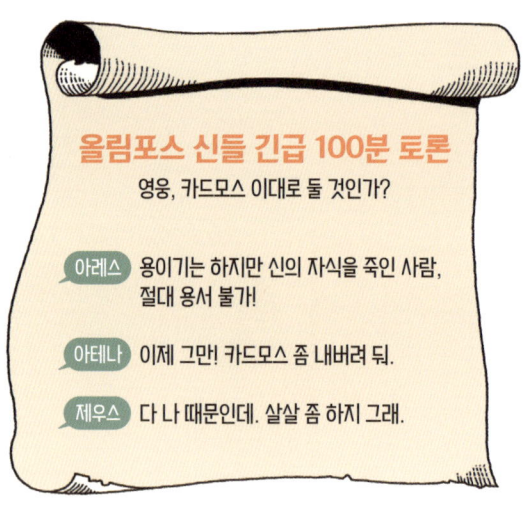

"이 또한 내 운명이라면 기꺼이!"

나는 아레스가 명령하는 모든 걸 충실하게 실행했다. 운명이 어떠한 어려운 문제를 내더라도 기꺼이 해결하는 태도! 바로 이 점이 나를 영광의 최종 슈퍼히어로 후보로 만든 거였다.

아레스 신의 노예로 산 지 8년이 지나 자유의 몸이 되었을 때, 제우스 신까지 나를 인정해 아레스 신과 아프로디테 여신의 딸 하르모니아와의 결혼을 허락했다. 우리의 결혼식은 무척 성대했고, 신들도 올림포스에서 내려와 축복해 주었다.

그 뒤로 나는 오랫동안 테베를 다스린 뒤, 손자 펜테우스에게 테베를 물려주고 하르모니아와 함께 일리리아 지역으로 떠났다. 그래서 무거운 운명을 내려놓고 편히 쉬게 되었느냐고? 아니. 내가 누구더냐? 책임 완수 영웅 카드모스! 또 다른 운명이 기다리고 있었다.

엔켈레스 사람들이 나와 하르모니아에게 그들을 다스려 달라고 하더구나.

"저희는 일리리아로부터 공격을 당하고 있는데, 두 분이 저희를 다스린다면 승리할 거라는 신탁을 받았습니다."

운명이라면 기꺼이!

나는 흔쾌히 수락했고, 전쟁에 이겨서 일리리아를 정복하고 그곳을 다스렸다.

그리고 얼마 지나지 않아 나와 하르모니아는 뱀으로 변해서 낙원 엘리시온 평원으로 갔다. 내 몸이 허물을 벗듯 사람의 몸에서 벗어나던 때를 잊을 수가 없다. 여동생을 찾으려 어둠을 살피던 내 눈도, 황금빛 용에 맞서 싸우던 팔과 다리도, 서서히 뱀으로 변해 갔다.

뱀이 되어서 괴로웠느냐고? 오히려 자유를 느꼈다. 사람의 몸을 벗고, 뱀이 되고 나서야 나에게 맡겨진 모든 운명은 끝난 거니까.

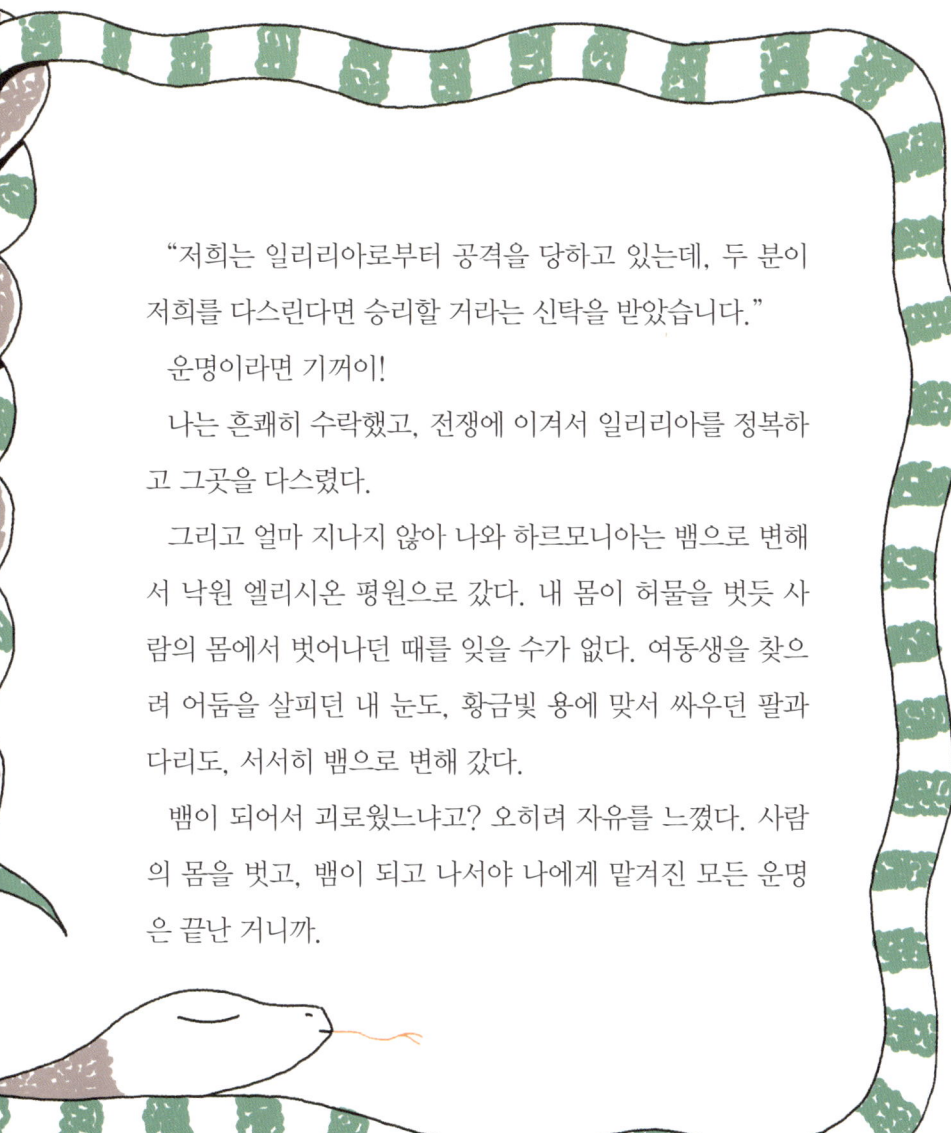

내 모험은 명예나 만족을 위한 것이 아니었다. 나는 나에게 주어진 책임을 다하기 위해 공포의 안개로 덮인 험난한 길을 마다하지 않고 걸었다. 파란만장한 내 모험담은 여기서 끝.

나는 하르모니아와 함께 낙원 엘리시온에서 새벽의 달콤한 이슬을 마시며 고요한 시간을 즐기고 있다. 나는 다시 태어난다 해도 내 앞에 맞닥뜨린 운명을 기꺼이 받아들일 것이다.

불가능해 보일지라도 포기하지 않기를! 헤쳐 나가지 못할 운명이란 없다. 너희에게도 행운이 있길 빈다!

그럼, 기호 1번 카드모스에게 한 표를!

기호 2. 두려움이란 무엇?
용기백배 헤라클레스

 하하하! 내가 슈퍼히어로 최종 톱 4에 올랐다니, 이거 다른 후보들에게 미안해서 어쩌나. 해보나 마나 최강 슈퍼히어로는 당연히 바로 나! 나 헤라클레스가 히어로의 원조라는 건 코흘리개 꼬맹이들도 아는 사실!

 그래도 왕중왕전 절차가 있으니 최선을 다해서 내 모험담을 들려줄게. 뭐, 이미 영화나 책, 만화로 보긴 했겠지만, 헤라클레스가 직접 말해 주는 건 처음이니까!

이름: 헤라클레스
국적: 테베
출생: 암피트리온과 알크메네의 아들 (친아버지는 제우스.)
조상: 페르세우스

업적

사람들을 괴롭히는 각종 괴물 퇴치는 물론 신과 당당히 맞서 승리함으로써 전 인류에게 자부심과 통쾌함을 선물. 예술가들에게는 콘텐츠의 보물 창고로 각종 히어로 영화, 그림, 조각, 문학, 웹툰 등의 생산에 기여.

영웅의 가방 속 아이템

명품 사자 투구(원산지 네메아).

명품 사자 투구

신체 약점

괴물만 보면 이를 악물어서 흔들리는 어금니.

필살기

신체 곳곳이 무기, '전투가 가장 쉬웠어요!'의 전형적 영웅.

초강력 몽둥이

주요 무기

육탄전에 강함. 주로 쓰는 무기는 맨손과 몽둥이, 그 밖에 활, 창, 칼 등.

전투력 ★★★★★   수비력 ★★★★   스피드 ★★★

공격력 ★★★★   담력 ★★★★★   회복력 ★★★★★

내가 말을 부드럽게 해야 하는데 그걸 못 해. 성질이 급해서 말보다 주먹이 먼저 나가던 버릇이 있어서 말이야.

내 아버지는 진짜 유명한 분인데, 바로 신들의 왕 제우스! 아버지를 바람둥이다 뭐다 하며 흉보는데 나는 아버지가 좋아. 태어날 때부터 나를 영웅으로 점찍고 엄청 사랑했으니까. 게다가 티탄 신들과의 전쟁에서 이기는 등 일 처리 하나는 똑 부러지잖아. 세상을 질서 정연하게 잘 다스리는 것도 그렇고.

내 어머니는 암피트리온의 아내 알크메네 여사. 이래 봬도 영웅 페르세우스의 후손이란 말씀. 훗, 이러니 헤라 여신이 얼마나 나를 싫어했겠어?

"알크메네가 제우스의 아들을 낳았다고? 으으으, 제우스! 제 버릇 개 못 줄까. 어디 제우스 아들을 가만두나 봐라!"

헤라 여신은 태어나자마자 나에게 독사를 보냈는데, 그 정도 장난감은 단숨에 콱! 아무튼 덕분에 나는 죽을 고비를 몇 번이나 넘겨야 했지.

나는 어려서부터 훌륭한 스승들에게 학문을 배웠고, 마차 모는 법, 활 쏘는 법, 레슬링하는 법을 배웠어. 노래와 리라 연주도 배웠지만 음악엔 영 소질이 없었어.

하지만 활쏘기와 창 던지기는 단연 일인자! 열여덟 살 때, 사람들을 괴롭히는 사자를 몽둥이 하나로 없앴는데, 덕분에 테베 왕 크레온의 사랑스러운 공주 메가라와 결혼하게 되었지. 우리는 여러 명의 아이를 낳았어. 하지만 내가 너무 기고만장했나 봐. 헤라 여신을 잊고 있었으니까.

　헤라 여신은 나를 잠시 미치게 만들어 아내와 아이들을 사나운 짐승으로 보이게 했지.

"이놈들! 감히 내 가족을 잡아먹으려 하다니!"
　퍼뜩 정신을 차렸을 땐 이미 내 가족은……. 나는 스스로 목숨을 끊으려고 했어. 하지만 죽기보다는 살아서 죄를 씻기로 했어. 그게 더 가혹한 벌일 테니까. 나는 자만심을 버리고 새로 태어나기로 결심하고는 아폴론 신탁을 받으러 델포이로 갔지.

나는 신탁에 따라 미케네로 향했어. 나중에 알게 되었는데, 아폴론 신탁은 헤라 여신이 미리 짠 각본이었어. 헤라 여신이 나보다 먼저 에우리스테우스를 찾아가 명령을 해 놓았더라고.

"헤라클레스가 오거든, 사람이 도저히 할 수 없는 일을 시켜라."

이게 나를 그렇게나 유명하게 만든 '헤라클레스의 열두 가지 과업'의 출발점이야.

에우리스테우스같이 덜떨어진 녀석에게 복종해야 한다는 게 자존심 상하기는 했지만, 벌은 벌! 게다가 '열두 가지 과업'을 끝내야 헤라의 분노에서 벗어날 수 있고 진정한 영웅이 될 수 있었으니까. 죽을힘을 다해 과업을 완수하겠다고 마음먹었지.

앞으로 들려줄 과업이 많으니까, 과업을 네 그룹으로 나눠서 쏙쏙 알아듣게 알려 줄게. 슈퍼히어로 최종 후보가 되었으니 이 정도 성의는 보여야지.

열두 가지 과업 중 1그룹

1. 네메아의 사자 퇴치하기
출신: 달의 여신이 키운 사자로, 신들도 두려워한 거대 괴물 티폰의 후손.
특징: 사자라기보다는 괴물에 가까움. 화살과 창도 튕기는 질긴 가죽을 가짐.

2. 레르네의 히드라 퇴치하기
출생: 에키드나의 자식.
특징: 머리가 여섯 개이며 그중 한가운데 머리는 죽지 않음. 머리 하나를 자르면 그 자리에서 두 개가 생겨남.
특기: 독이 아주 강해서 내쉬는 숨이 살상 무기.

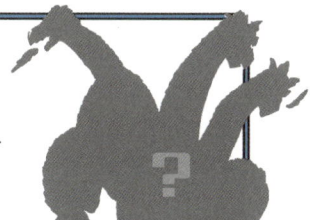

3. 에리만토스의 멧돼지 잡기
생김새: 칼처럼 날카롭고 큰 엄니를 지님.
특징: 난폭한 성격, 밭을 짓밟아 농사를 망치고 사람들을 괴롭힘.

첫 번째 과업은 네메아의 계곡에 사는 식인 사자 퇴치하기. 네메아의 사자는 사람이나 동물을 가리지 않고 잡아먹는, 몸집이 크고 무시무시한 괴물로 공포의 대상! 수많은 용기 있는 사람이 그 녀석을 죽이려 했지만, 모두 괴물의 밥이 되고 말았지.

두 번째 과업은 레르네의 늪에 사는 머리 여섯 개 달린 물뱀 히드라 퇴치하기. 이번에는 조카 이올라오스가 모는 전차를 타고 갔어. 레르네 늪은 사람과 동물들 뼈 무덤이었어.

세 번째 과업은 에리만토스의 산비탈에 사는 멧돼지 잡기. 그 녀석은 성격이 난폭하기로 유명했는데, 칼처럼 날카롭고 큰 엄니로 사람들을 마구 괴롭혔어. 게다가 과식에 폭식에 똥도 얼마나 싸 댔는지. 제아무리 난폭해도 나에게는 상대가 안 되지. 눈 속을 몰고 다니다 지치게 해서 사로잡았어. 지구력 하면 나, 헤라클레스!

세 번째 과업 성공!

과업 완수 25%

천 리 길도 한 걸음부터. 도저히 불가능해 보이던 과업을 어느 덧 세 개나 완수했어. 이제 열두 가지 과업 중 2그룹!

열두 가지 과업 중 2그룹

4. 케리네이아의 사슴, 산 채로 잡기

용도: 아르테미스 여신의 사슴으로, 헤라클레스 시험용으로 케리네이아산에 풀어놓음.
특징: 황금빛 뿔을 가졌으며 황소보다 덩치가 큼.
특기: 화살보다 빠름.

5. 스팀팔로스의 괴물 새 퇴치하기

특징: 사나운 육식 동물로 청동 부리와 발톱, 날개 끝 깃털도 청동.
특기: 엄청나게 많은 수가 떼 지어 날아다니며 공격.

6. 아우게이아스 왕의 외양간 청소하기

위치: 엘리스 왕국.
보유: 소 3,000마리.
특징: 30년 동안 한 번도 청소하지 않아 소똥이 산더미, 고약한 냄새는 덤.

네 번째 과업은 케리네이아의 바위산에 사는 사슴 산 채로 잡기. 그 녀석은 황금빛 뿔이 대단히 아름다웠는데, 빠르게 강을 건너려 할 때 화살로 가벼운 상처를 입혀서 잡았어.

"뭐야, 너무 쉽잖아!"

그런데 사슴 주인 아르테미스 여신이 앞길을 막아서는 거야.

"이게 무슨 짓이냐? 내가 아끼는 사슴이야. 당장 내려놔!"

"아, 제발 부탁드려요. 이게 다 제 과업이에요. 에우리스테우스에게 보여만 주고 되돌려놓을게요."

물론 아르테미스 여신은 내 부탁을 승낙!

다섯 번째 과업은 스팀팔로스의 호숫가에 사는 괴물 새 퇴치하기. 그 녀석들은 청동 부리와 발톱, 날개도 날카로운 청동 깃털로 덮여 있었는데, 떼 지어 날아다니면서 사람을 공격하거나 농사를 망쳤어. 수가 많아서 어떻게 없앨지 고민이었는데, 바로 그때 아테나 여신이 나타나더니 헤파이스토스 신의 방울을 하나 주더라고.

"괴물 새들이 방울 소리를 듣고 날아오르면 몇 마리만 죽여도 멀리 달아날 것이다."

여섯 번째 과업은 이전 과업과 성격이 완전히 달랐어. 무려 30년 동안이나 청소하지 않은 아우게이아스 왕의 외양간 청소하기. 아, 외양간에 쌓인 소똥은 둘째 치고 냄새가 얼마나 고약했던지. 어릴 적 키타이론산에서 잠깐 양치기하던 경험을 살렸지.

여섯 가지 과업을 해내는 데만도 몇 년이 걸렸지만, 절반을 성공하니 속도가 붙더라고. 물론 나, 헤라클레스의 자신감도 승승장구!

열두 가지 과업 중 3그룹

7. 크레타섬의 미친 황소, 산 채로 잡기

사연: 크레타섬 미노스 왕의 부인이 사랑한 황소로, 미노타우로스의 아버지란 설도 있음.

특징: 미노스 왕이 바다의 신 포세이돈에게 황소를 바치지 않고 아내에게 선물해 버리자, 포세이돈이 황소를 미치게 함.

8. 디오메데스 왕의 암말들 잡기

소유: 트라키아의 디오메데스 왕.

성별: 암컷.

특징: 사람을 잡아먹도록 사육됨.

9. 히폴리테 여왕의 허리띠 가져오기

소유: 아마조네스의 여왕 히폴리테.

특징: 전쟁의 신 아레스가 권력의 상징으로 히폴리테 여왕에게 준 허리띠로, 그리스 최고 장인이 한 땀 한 땀 정성 들여 만든 명품.

일곱 번째 과업은 크레타섬의 미친 황소 산 채로 잡기. 미노스 왕은 황소를 선물해 준 포세이돈 신에게 다시 황소를 바치겠다는 약속을 왜 지키지 않아 노여움을 샀을까? 그렇다고 포세이돈 신은 황소를 미치게 할 건 뭐람. 미친 황소쯤이야 몽둥이 한 방으로 끝!

일곱 번째 과업 성공!

여덟 번째 과업은 트라키아의 디오메데스 왕이 키우는 암말들 산 채로 잡기. 그 녀석들은 디오메데스 왕이 사람 고기를 먹게 길들였어. 나는 암말들이 내 말을 듣도록 길들인 다음 디오메데스 왕을 암말들 먹이로 주었지.

여덟 번째 과업 성공!

아홉 번째 과업은 아마조네스 여왕의 허리띠 심부름? 쉽다면 쉽고 어렵다면 어려운 과업이었지. 아마조네스 여전사들은 정말 최강 용사들이었거든. 그들은 남자아이가 태어나면 노예로 삼고 여자아이만 키워 용맹한 전사로 만들었어. 나는 아마조네스의 히폴리테 여왕에게 공손히 부탁했어. 여왕은 말이 통하는 사람이라 순순히 허리띠를 내주더라고.

그런데 또다시 헤라 여신이 방해를! 내가 여왕을 납치하려 한다는 거짓 정보를 퍼뜨린 거야. 여전사들은 나를 공격했고, 나는 그만 히폴리테 여왕을 죽이고 말았어. 정말 허리띠만 가져오려 했는데……. 아무튼 나는 허리띠를 가지고 돌아오기는 했어.

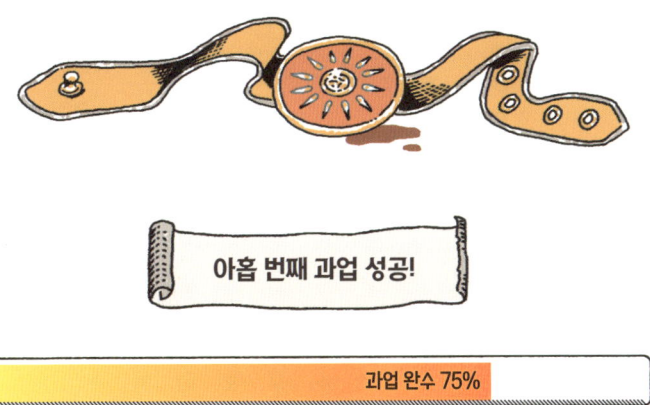

드디어 열두 가지 과업 중 마지막 4그룹. 이 과업들은 아주 대놓고 나를 죽이려는 음모를 담고 있더라고.

열두 가지 과업 중 4그룹

10. 게리오네스 왕의 붉은 암소들 데려오기
서식지: 에리테이아섬.
특징: 거인 에우리티온과 사나운 괴물 개 오르트로스가 지키고 있음.

11. 저승 입구의 케르베로스 잡아 오기
출신: 거대 괴물 티폰의 후손.
직업: 저승문 지키기. 살아 있는 사람은 저승에 못 들어가게 하고, 죽은 사람은 저승을 못 나가게 감시함.
특징: 머리가 셋, 꼬리는 뱀.

12. 헤스페리데스 정원의 황금 사과 가져오기
관리자: 헤스페리데스 자매.
특징: 헤라와 제우스가 결혼할 때 가이아가 결혼 선물로 준 황금 사과.

열 번째 과업을 해내러 가는 길은 멀어도 너무 멀었어. 세상의 서쪽 끝에 있는 섬으로 가서 붉은 암소들을 데려와야 했으니까. 암소 주인 게리오네스는 섬을 다스리는 왕으로 머리 세 개를 가진 괴물. 나는 태양신 헬리오스를 히드라 독이 묻은 화살로 겁주어 황금 배를 빌려 섬에 도착했어.

그러고는 붉은 암소들을 지키는 거인 에우리티온과 괴물 개 오르트로스, 물론 게리오네스 왕까지 물리치고 암소들을 데려왔지.

열한 번째 과업은 저승문을 지키는 괴물 개 케르베로스를 잡아 오라는 거였는데, 저승으로 가라니 그야말로 죽으라는 거였어. 다행히 헤르메스의 도움으로 저승의 신 하데스를 만날 수 있었지.

"케르베로스를 잡아간다고? 맨주먹이라면 허락하지."
흥, 그래? 나는 맨주먹으로 케르베로스를 잡아 저승을 유유히 빠져나왔어.

자! 드디어 나에게 주어진 과업 중 마지막 열두 번째. 그건 내 운명을 쥐고 흔드는 헤라 여신의 황금 사과를 가져오기.

황금 사과는 제우스 신과 헤라 여신이 결혼할 때 대지의 여신 가이아가 선물한 건데, 헤스페리데스 자매가 해가 지는 곳에 세워진 궁전에 살면서 정원의 황금 사과를 지키고 있었어.

그런데 문제는 헤스페리데스 정원이 어디 있는지 아무도 모른다는 거야. 사람을 위해 신을 거역했던 영웅, 존경하는 프로메테우스가 아니었더라면 과업 완수에 빨간불이 켜질 뻔했지. 나는 절벽에 묶여 있는 프로메테우스의 간을 쪼아 먹는 독수리를 한 방에 보내 버렸어.

자유의 몸이 된 프로메테우스는 헤스페리데스 자매의 아버지 아틀라스를 찾아가 보라고 일러 주더라고. 아틀라스도 프로메테우스처럼 하늘을 떠받치는 신들의 벌을 받고 있다나.

나는 아틀라스를 찾아갔어. 아틀라스는 황금 사과가 어디에 있는지 알고 있었고 직접 가져다주기까지 했지. 황금 사과를 가지러 간 사이 내가 잠깐 하늘을 떠받치고 있었는데, 황금 사과를 가져온 뒤에도 나보고 계속 하늘을 떠받치고 있으라고 하더라고. 자기가 직접 에우리스테우스에게 황금 사과를 가져다주겠다고 말이야. 무거운 하늘을 나에게 떠넘길 속셈이었지.

휴, 하마터면 아틀라스 대신 평생 하늘을 떠받칠 뻔했지 뭐야. 불쌍한 아틀라스! 나 헤라클레스가 그런 잔꾀에 넘어갈 줄 알고!

마지막 열두 번째 과업 성공!

과업 완수 100%

드디어 열두 가지 과업을 모두 완수했어. 그 뒤로도 나는 유명한 아르고호 원정대에 참가하는 등 여러 모험을 했어. 그러면서 세상에 내 힘과 지혜를 알리며 진정한 영웅으로 거듭났지. 나 헤라클레스, 그리스의 전설로 등극!

내 손으로 가족들을 죽였다는 죄책감과 분노도 세월과 함께 가라앉았고, 카리돈의 아름다운 공주 데이아네이라와 결혼도 했어. 하지만 헤라 여신은 끝까지 잔인했어. 아내 데이아네이라를 이용해서 나를 죽음으로 몰고 갔으니까.

아내는 켄타우로스에게 속아서 내 옷에 독을 묻혔어. 아내가 건넨 옷을 입은 나는 극심한 고통에 몸부림쳤고, 고통에 울부짖다가 결국 마지막 선택을 했지.

"내 몸에 불을 붙여라!"

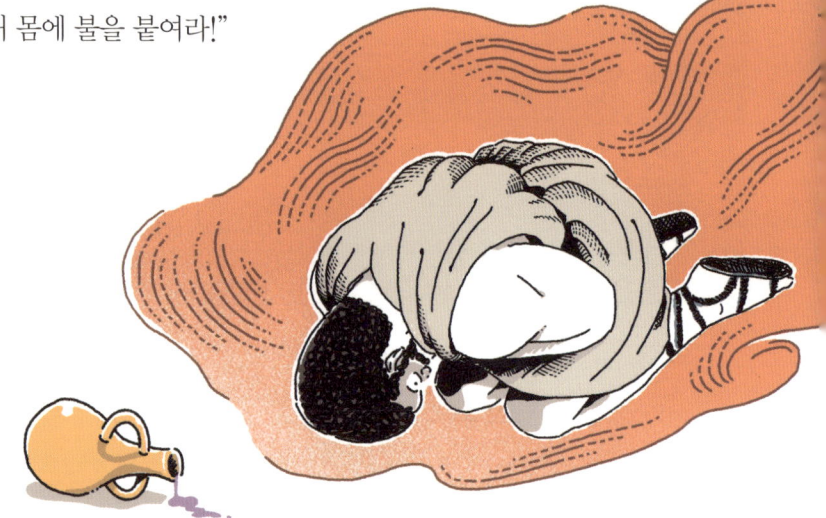

하지만 나는 헤라 여신의 젖을 먹은 불사신. 내 몸은 연기로 사라졌지만, 불꽃 속에서 다시 태어나 신들의 세계로 올라갔어.

"너를 진정한 영웅으로 인정하마. 저주의 굴레에서 이제부터 자유다."

헤라 여신도 더 이상 나를 미워하지 않았어. 이게 꿈인지 생시인지. 게다가 헤라 여신은 자신의 딸 헤베를 내 아내로 맞게 허락했어.

나는 신이 내민 도전장을 주저 없이 받아들였고, 마침내 승자가 되어 신들과 어깨를 나란히 하게 되었어! 나 헤라클레스, 사람이 승리한 거야! 너희도 절대 두려움 앞에 굴복하지 않는 용기를 가지렴.

자, 기호 2번 헤라클레스에게 한 표를!

슈퍼히어로 왕중왕전 톱 4

2

두려움이란 무엇? 나에게 불가능이란 없다!

영웅 헤라클레스에게 위대한 한 표를!

헤라클레스

기호 3. 끝까지 실천한다!
적극 실천 테세우스

내가 슈퍼히어로 최종 톱 4의 세 번째 후보라고? 위대한 영웅들과 어깨를 나란히 했다는 것만으로도 영광이지만, 슈퍼히어로 최종 후보에 오른 것만으로 만족할 내가 아니야. 나는 최강 슈퍼히어로의 우승을 거머쥐어야 해. 앞으로도 내 모험은 계속될 테니까. 슈퍼히어로가 되는 첫 번째 조건은 스스로 모험을 선택하는 거라고 생각해. 편안함을 버리고 고난을 선택한 바로 나 같은 영웅 말이야.

나는 트로이젠 공주 아이트라의 아들로 태어났어. 아버지가 누군지 몰랐다는 것만 빼고 정말 부족함 없이 자랐지.

이름: 테세우스
국적: 트로이젠 -> 아테네
출생: 아이게우스와 아이트라의 아들

업적

페리페테스, 시니스, 미노타우로스 외 여러 악당과 괴물들 격퇴함. 아테네를 최고 국가로 만든 위대한 왕.

영웅의 가방 속 아이템

세상에서 가장 유명한 칼과 신발.

아버지에게 받은 칼

신체 약점

샤방샤방 눈부신 외모(괴물들이 만만하게 봄.).

필살기

'눈눈이이' 전략(눈에는 눈, 이에는 이! 받은 만큼 되돌려줌.).

아버지에게 받은 신발

주요 무기

도끼, 쇠몽둥이, 끈 등등 승리로 얻은 무기들.

전투력 ★★★★★	수비력 ★★★	스피드 ★★★★
공격력 ★★★★★	담력 ★★★★★	회복력 ★★★

'아테네의 영웅 테세우스'라 불리는 나! 나는 어릴 적부터 영웅들을 존경했고 닮고 싶어 했어. 영웅들은 목숨 걸고 괴물과 악당들을 용감하게 물리쳤으니까. 특히 영웅계의 전설 헤라클레스 형님을 정말 존경했지.

나는 위대한 영웅들 이야기를 들으며 자랐고, 커서 반드시 죄 없는 사람들을 괴롭히는 자들을 응징하겠다고 결심했어. 눈에는 눈, 이에는 이니까!

나는 처음에 내가 아버지 없는 자식인 줄 알았어. 존경하는 헤라클레스 형님도 친아버지가 따로 있었으니, 영웅이라면 출생의 비밀 정도는 필수? 하하하! 사실 내 아버지는 아테네의 왕 아이게우스. 내가 태어나기 전 아버지는 왕위를 물려줄 아들이 없어서 고민이었어.

고민이 있을 때는 뭐다? 그렇지 신탁!

아버지는 델포이 신전에 가서 신탁을 받았는데, 그 신탁이 암호 같아서 도저히 이해가 안 되었어.

아리송할 때는 뭐다? 그렇지 똑똑한 지인 찬스!

아버지는 신탁 해설계의 전설 트로이젠의 왕, 외할아버지 피테우스를 찾아갔어. 외할아버지는 신탁을 듣고 놀라워하면서 말했지.

 "축하하네, 이 신탁은 곧 자네에게 아들이 생긴다는 뜻이야. 게다가 그 아들이 영웅이 되고 위대한 왕이 된다네."
 아버지는 기뻐서 무릎을 탁 쳤어. 외할아버지도 기뻐하며 속으로 쾌재를 불렀지. 신탁을 풀이하면서 은밀하고도 위대한 계획을 짰거든.
 이름하여, 슈퍼히어로 외손자 탄생 프로젝트! 그렇다면 그 프로젝트란?

외할아버지는 딸 아이트라를 아테네 왕자의 어머니로 만들기로 마음먹었어. 그래서 성대한 잔치를 열었고, 아이게우스와 아이트라를 만나도록 했지. 외할아버지 피테우스의 위대한 프로젝트 대성공!

두 사람의 운명적인 만남은 이루어졌고, 드디어 내가 어머니 배 속에 꼬물꼬물 잉태되었지. 하지만 아버지는 곧 트로이젠을 떠나 아테네로 돌아가야만 했어. 아버지는 고민 끝에 커다란 바위 아래 신발과 칼을 묻어 두었어. 그러고는 이렇게 말했지.

"아이트라, 내 아들이 자라 이 바위를 들 만큼 힘이 세지면, 신발과 칼을 꺼내 나를 찾아가라고 하시오."

이 말을 남기고 아버지는 아테네로 돌아갔어.

그리고 열 달 뒤, 어머니는 나를 낳았지.

"아가야, 네 이름은 '묻혀 있는 보물'이란 뜻의 '테세우스'란다."

앞에서 말했다시피 나는 트로이젠 왕가에서 부족함 없이 자랐어. 다만, 아버지에 대한 궁금증으로 마음에 그늘이 깊었어. 세월이 흘러 열여섯 살이 된 어느 날, 어머니는 그동안 간직했던 아버지 이야기를 들려주었어. 그러고는 어머니가 진지한 표정으로 말하는 거야.

"테세우스야, 나하고 갈 데가 있다."

아테네의 왕 아버지 아이게우스가 물려준 신발과 칼이 드디어 눈앞에 나타났어.

신발은 주인을 만나 환호하는 것처럼 보였고, 칼은 눈을 찌를 듯이 빛났어. 나는 아버지라도 만난 것처럼 울컥하며 감격했어. 그때 어디선가 아버지 목소리가 들려오는 듯했지.

"테세우스야, 드디어 네 운명의 대모험이 시작되었도다!"

모험의 준비물은 무엇? 단 세 가지!

실천하는 용기, 그리고 아버지의 선물인 신발과 칼.

아버지를 찾아 아테네로 가는 길은 두 가지. 하나는 배를 타고 편안하게 가는 길과 다른 하나는 걸어서 가는 위험한 길.

'이럴 때 존경하는 영웅 헤라클레스 형님이라면?'

답은 물론 분명했어. 트로이젠에서 아테네까지 걸어서 가는 길에는 악당이나 괴물들이 출몰했지. 이들이 사람들을 악랄하게 괴롭히는 악행을 들을 때마다 내 피가 얼마나 거꾸로 솟았는지 상상도 못 할 거야. 악당과 괴물들을 물리치며 가는 길! 목숨을 걸고 가야 하는 험난한 길이었지만, 나 실천하는 영웅 테세우스는 주저 없이 그 길을 선택했어.

트로이젠 -> 아테네

경고!

이곳은 악당과 괴물들이 우글대는 위험한 길이니 반드시 피해 가십시오.

길을 나서고 얼마 지나지 않아 그토록 만나고 싶었던 악당과 맞닥뜨렸어. 내 필살기 '눈눈이이' 전략을 발휘할 때가 왔지.

맨 처음 만난 악당은 '쇠몽둥이를 휘두르는 자'로 불리는 페리페테스. 나는 이 녀석의 악행을 똑같이 갚아 주기로 했어.

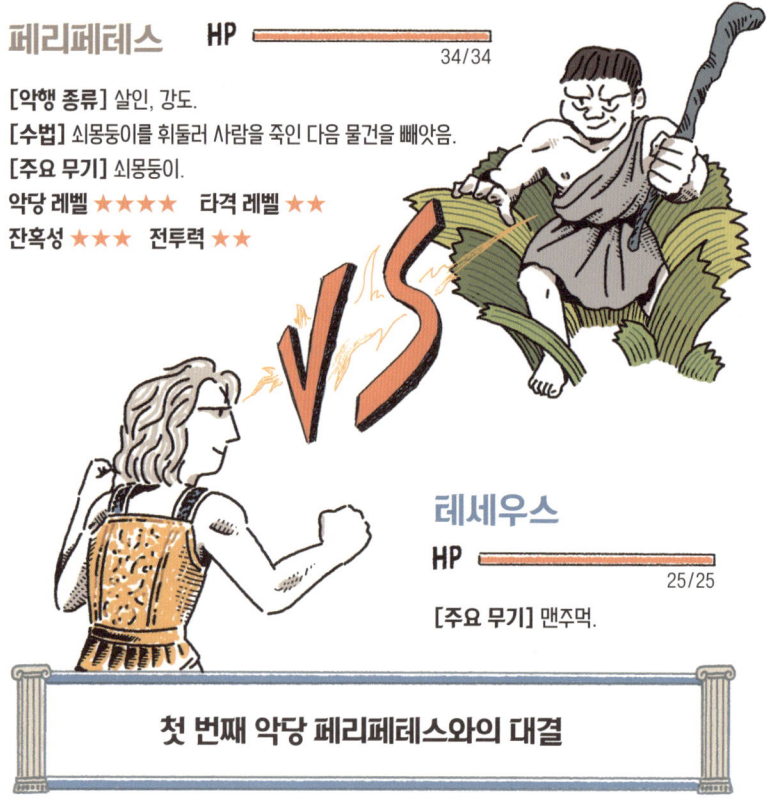

페리페테스 HP 34/34

[악행 종류] 살인, 강도.
[수법] 쇠몽둥이를 휘둘러 사람을 죽인 다음 물건을 빼앗음.
[주요 무기] 쇠몽둥이.
악당 레벨 ★★★★ 타격 레벨 ★★
잔혹성 ★★★ 전투력 ★★

테세우스
HP 25/25
[주요 무기] 맨주먹.

첫 번째 악당 페리페테스와의 대결

페리페테스는 피 묻은 쇠몽둥이를 들고 내 앞을 막아섰어.
"어린놈이 겁도 없이 혼자 다니면 쓰겠나!"
그러면서 쇠몽둥이를 휘두르려고 번쩍 드는 거야.
"네가 바로 그 악명 높은 페리페테스? 네 죄를 벌하려 찾고 있었는데 제 발로 걸려들다니, 하하하!"
나는 녀석에게 틈을 주지 않고 재빨리 몸을 날려 쇠몽둥이를 빼앗았어. 무기를 빼앗긴 페리페테스가 도망치려 했지만 어림없는 일!
"자, 내 '눈눈이이' 전략을 받아라!"
나는 그대로 녀석을 쇠몽둥이로 쳐서 죽였어. 그러고는 쇠몽둥이를 전리품으로 챙겨서 다음 악당을 찾아 발길을 재촉했지.

다음에 만난 악당은 '소나무를 구부리는 자'란 별명을 가진 시니스라는 무법자.

시니스

HP ▭▭▭▭▭▭▭▭▭▭ 30/30

[악행 종류] 살인.
[수법] 나무 두 그루에 사람을 팽팽하게 묶은 다음 찢어 죽임.
[주요 무기] 나무 두 그루와 밧줄.
악당 레벨 ★★★★   타격 레벨 ★★
잔혹성 ★★★★★   전투력 ★

테세우스

HP ▭▭▭▭▭▭▭▭▭▭ 55/55

[주요 무기]
맨주먹, 페리페테스의 쇠몽둥이.

두 번째 악당 시니스와의 대결

시니스의 잔인함은 상상 초월. 나무 두 그루에 사람을 묶어서 팔다리를 찢어 죽였으니까.

"애송이가 겁도 없이 혼자 다니네!"

녀석은 허리춤에 피로 전 밧줄을 감고 있었어. 그 밧줄로 사람을 나무에 묶은 게 분명했지. 순간 분노와 역겨움이 치밀어 올랐어. 나는 말을 거는 것도 아까워서 녀석을 쇠몽둥이로 쳤어. 기절한 놈을 나무에 묶고는 '눈눈이이' 전략!

테세우스 2승

[전리품] 밧줄.
전투력 상승 +13

세 번째 만난 악당은 메가라 근처 바닷가 절벽 위에 사는 스키론.

스키론

HP ▬▬▬▬▬▬▬▬ 20/20

[악행 종류] 살인.
[수법] 사람을 붙잡아 자기 발을 씻기게 한 다음, 절벽 아래로 떨어뜨려 죽임.
[주요 무기] 더러운 발.
악당 레벨 ★★★★ 타격 레벨 ★★★
잔혹성 ★★★ 전투력 ★

테세우스

HP ▬▬▬▬▬▬▬▬ 66/66

[주요 무기]
맨주먹, 페리페테스의 쇠몽둥이, 시니스의 밧줄.

세 번째 악당 스키론과의 대결

스키론은 호감을 사고 싶었는지 정중히 나를 불렀어.

"아름다운 젊은이, 잠깐 내 말동무가 되어 주겠나."

"좋아요. 그러지요, 뭐."

나는 스키론이 미리 준비해 둔 자리에 앉았지.

"이곳 관습이 그러하니, 먼저 내 발을 씻겨 주게나."

"영웅이 될 나, 테세우스 님께 그런 치욕적인 일을 시키다니!"

'눈눈이이' 전략! 나는 스키론을 절벽 아래로 걷어차 버렸어. 녀석은 그대로 바다거북의 밥이 되었지.

테세우스 3승

[전리품] 발차기 기술.
전투력 상승 **+43**

마지막은 프로크루스테스라는 악당. 잔혹하기로 둘째가라면 서러울 아주 고약한 악당이었어.

프로크루스테스

HP ▬▬▬▬▬▬▬▬
30 / 30

[악행 종류] 살인.
[수법] 사람을 붙잡아 침대에 눕힌 다음
침대보다 키가 작으면 몸을 늘려, 키가 크면 몸을 잘라 죽임.
[주요 무기] 도끼.
악당 레벨 ★★★★★   타격 레벨 ★★★
잔혹성 ★★★★★   전투력 ★★

테세우스

HP ▬▬▬▬▬▬▬▬
77 / 77

[주요 무기]
맨주먹, 페리페테스의 쇠몽둥이,
시니스의 밧줄.

네 번째 악당 프로크루스테스와의 대결

프로크루스테스는 나를 보더니 친절하게 말했어.

"숲을 얼마나 헤맸기에 이리 지쳐 보이슈? 괜찮다면 내 집에서 쉬어 가지 않겠슈."

나는 녀석의 집에 놓인 침대를 보자마자 소름이 쫙 끼쳤어. 침대에는 검은 피가 말라붙어 있었거든. 프로크루스테스는 도끼를 들고는 씩 웃으며 말했어.

"왜 침대에 눕지 않으슈?"

"침대 주인은 당신 아닌가? 그러니 당신이 누워야지!"

'눈눈이이' 전략! 나는 쇠몽둥이로 녀석을 쳐서 침대에 눕히고는 밧줄로 꽁꽁 묶었지.

"이봐, 침대는 도마가 아냐, 그저 침대일 뿐이지."

그다음은 상상에 맡길게.

제발 살려 줘!

테세우스 4승

[전리품] 도끼.
전투력 상승 **+100**

악당들을 차례로 물리치며 나아가다 보니 어느새 아테네. 트로이젠에서 아테네로 오는 동안 나는 몰라보게 강해졌지. 목숨 걸고 악당들을 물리친 용기가 내 영혼과 육체를 강하게 만들었던 거야. 나에 대한 소문은 바람보다 빨랐어. 아니 태풍급이라고 해야 할까? 나는 이미 아테네에서 뜨거운 스타! 트로이젠의 소년에서 아테네의 새로운 영웅이 되었어.

"저 청년이 페리페테스, 시니스, 스키론을 없앴대."

"말도 마, 고약한 침대 악당 프로크루스테스도 없앴어."

아테네까지 왔지만 나는 아버지 아이게우스 왕 앞에 바로 나서지 않았어. 증표를 들고 온 왕자가 아니라 실력으로 인정받고 싶었거든.

그런데 아버지의 아내 메데이아 왕비가 내가 아버지 아들이란 걸 눈치챈 거야. 메데이아는 마법을 쓸 줄 알았거든. 나를 바라보는 메데이아의 눈은 독을 품은 뱀처럼 매서웠지.

메데이아는 나를 없애 버리려고 아버지를 거짓으로 부추겼어. 아버지는 메데이아에게 속아서 나에게 신하를 보냈어.

"트로이젠에서 온 청년이라고? 네가 그리 힘이 세다면 마라톤을 쑥대밭으로 만들고 있는 미친 황소를 잡아 오너라. 그러면 악당들을 물리친 실력을 인정해 주지."

많은 악당을 물리치고 왔으니 내 전투력은 이미 역대급! 미친 황소쯤이야. 간단하게, 임무 완수!

> 좋아! 운 좋게 살아 돌아왔다 이거지.
> 그렇다면 플랜 B다. 이번엔 반드시 저승으로 보내 주마.

메데이아는 다시 작전을 짜고는 잔치를 열어 나를 초대했어.

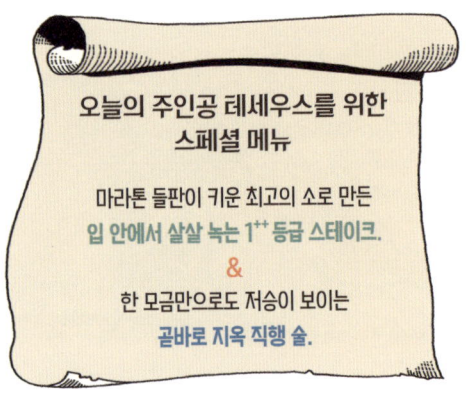

오늘의 주인공 테세우스를 위한
스페셜 메뉴

마라톤 들판이 키운 최고의 소로 만든
입 안에서 살살 녹는 1++ 등급 스테이크.
&
한 모금만으로도 저승이 보이는
곧바로 지옥 직행 술.

나는 오늘이야말로 아버지에게 아들인 것을 알릴 때라 생각했어. 그래서 아버지가 준 증표인 칼을 차고 신발을 신고 연회장으로 갔어.

연회장은 리라를 뜯는 연주가, 춤을 추는 무희, 먹고 마시며 이야기를 나누는 사람들로 떠들썩했지. 나는 식탁에 앉아서는 보란 듯이 아버지 칼을 꺼내 소고기를 썰었어.

그때였어. 메데이아가 축하주라며 나에게 술잔을 내밀었어.

"아테네의 새로운 영웅을 위한 특별한 술이니 어서 쭉 들이켜요."

메데이아가 건넨 술잔을 받아 입에 대려는 찰나, 아버지가 벌떡 일어나 달려오더니 손으로 술잔을 냅다 내동댕이쳤어.

"안 된다! 그건 독이 든 술이야."

아버지는 술에 독이 든 걸 알고 있었던 거지. 휴, 아버지가 내 칼과 신발을 알아봤기에 망정이지 술을 한 모금이라도 마셨더라면……. 우리는 마침내 눈물 없이 볼 수 없는 극적인 부자 상봉을 하게 되었어.

"내 아들 테세우스야, 몰라봐서 미안하다!"

그나저나 메데이아는 어떻게 됐냐고? 아버지가 아테네에서 쫓아내 버렸어. 그 뒤, 아버지는 나를 아테네의 후계자로 선포했지.

"테세우스는 내 아들로, 내 뒤를 이을 왕자다!"

나는 아버지 곁에서 나라 다스리는 법을 배우면서, 때로 아테네 백성들이 어떻게 사는지 살피러 다니곤 했어. 그러던 어느 날, 올리브 장수에게 놀라운 이야기를 듣게 된 거야.
"며칠 뒤, 크레타섬으로 보낼 젊은이들을 제비뽑기할 거요."
"크레타섬이라뇨? 젊은이라뇨?"
"크레타 왕자가 아테네에 와서 죽은 일이 있었는데, 그 일 때문에 우리 아테네에서 크레타섬의 미궁에 갇힌 미노타우로스라는 괴물의 먹이로 제물을 보내는 거라오."
 나는 그 말을 듣고 귀를 의심했어. 이런 끔찍한 일이 9년마다 아테네에서 벌어지고 있다니!
 일곱 명의 총각과 일곱 명의 처녀를 제비뽑기하기로 한 날 아침, 아테네는 슬픔과 공포로 무겁게 가라앉았지.

"아버지, 제가 제물 중 한 명으로 가서 이 불행의 고리를 끊고야 말겠어요. 아테네의 왕자인 제가 해야 할 일이에요. 백성들을 위해서 괴물 미노타우로스를 없애겠어요."

아버지는 펄펄 뛰며 말렸지만, 나는 물러서지 않았어.

"이미 결심한 일입니다!"

"오, 내 아들 테세우스야. 더는 너를 붙잡을 수 없구나. 반드시 살아 돌아오거라."

아버지도 결국 단호한 내 뜻을 꺾지 못했어.

크레타섬으로 떠나는 날 아침, 우리 배는 절망의 검은 돛을 달았지.

"괴물을 죽이고 살아 돌아오면서 반드시 흰 돛을 달겠습니다."

아테네 백성들은 멀어지는 배를 향해 통곡했고, 배에 탄 젊은 이들도 눈물을 멈추지 못했어.

 크레타섬에 도착하자마자 나는 미노스 왕 앞에서 당당하게 말했어.

 "나는 아테네의 왕자, 테세우스입니다. 제가 미노타우로스를 없앤다면, 다시는 우리 아테네 젊은이들을 제물로 바치지 않아도 되겠지요?"

 "아테네의 왕자라고? 배짱 한번 대단하군! 미노타우로스를 죽이는 것도 불가능하지만, 크레타 최고의 설계자 다이달로스가 만든 미궁에서 빠져나오는 것은 더더욱 불가능하다. 어차피 죽을 목숨이니 마음대로 해 봐라."

"좋습니다. 반드시 미노타우로스를 없애고 미궁을 무사히 빠져나오겠습니다."

그때 나를 향한 뜨거운 눈길이 느껴졌어. 바로 미노스 왕의 딸 아리아드네 공주였지.

그날 밤, 나는 괴물을 없애고 미궁에서 살아 나올 방법을 생각하느라 잠을 이루지 못했어. 그런데 뜻밖의 손님, 바로 아리아드네 공주가 나를 찾아왔지 뭐야.

"테세우스 님, 미노타우로스를 죽이고 미궁에서 살아 돌아올 방법을 알려 주겠어요. 그 대신 제게 약속 하나만 해 주세요."

"뭐든지요!"

"당신에게 첫눈에 반했어요. 미노타우로스를 죽이고 아테네로 돌아갈 때 저를 데려가 주세요."

생각지도 못했던 일이었지만 선택의 여지가 없었어.

"좋소! 그렇게 합시다."

그러자 아리아드네 공주는 붉은 실타래를 건넸어. 자신감이 온몸을 감쌌지.

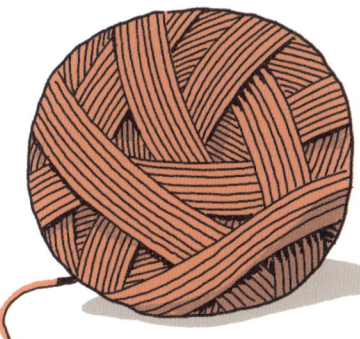

드디어 다음 날, 나와 젊은이들은 거대한 돌을 끼워 맞춰 만든 거대한 미궁으로 끌려갔어. 청동으로 만든 문이 등 뒤에서 철커덕하고 닫히자, 미궁 안은 으스스한 뒷골목처럼 한 치 앞을 내다볼 수 없었지. 젊은이들은 두려워서 숨소리조차 내지 못했어. 나는 두려움에 떠는 그들에게 말했어.

"두려워 말라! 반드시 살아서 이 문을 나갈 것이다!"

나는 아리아드네 공주가 일러 준 대로 안쪽 문고리에 실타래의 실 끝을 묶었어. 그때 신선한 먹잇감 냄새를 맡은 미노타우로스의 울부짖는 소리가 기분 나쁘게 들려왔지.

"너희는 여기에서 기다리고 있거라."

나는 실타래의 실을 풀면서 괴물의 울부짖는 소리를 따라가기 시작했어. 얼마나 깊숙이 들어갔을까. 드디어 황소 머리에 사람의 몸을 한 반인반수의 괴물 미노타우로스가 나타났지.

"크허허헝! 크허허헝! 크허허헝!"

미노타우로스는 잔뜩 굶주린 눈으로 뿔을 곤두세우고는 나를 향해 덤벼 왔어. 나는 오로지 놈의 목만 보았어.
'기회는 단 한 번! 실패하면 끝장이다.'
마침내 괴물이 덮치려 할 때 나는 힘껏 뛰어올라 놈의 목을 향해 정확하게 주먹을 날렸어. 놈은 마지막 비명을 지르면서 질척한 침을 흩뿌리고는 고꾸라졌지. 놈의 질척한 침을 몇 방울 맞기는 했지만, 괴물 퇴치 완수!

미노타우로스를 없애고, 풀어 둔 실을 따라 미궁을 무사히 빠져나왔어. 아테네의 젊은이들과 함께 말이야. 나는 약속대로 아리아드네 공주와 함께 크레타섬을 서둘러 떠났어. 아리아드네 공주의 배신이 알려지면 미노스 왕이 가만두지 않을 테니까. 몇 날 며칠 항해한 끝에 배는 낙소스섬에 다다랐지.

배에서 내려 아리아드네 공주와 들판을 거닐다 잠깐 쉬는데, 갑자기 피곤이 밀려들어 깜빡 잠이 들었어.

"테세우스야, 잠든 아리아드네 공주를 두고 떠나거라. 아테네 백성들이 크레타 공주를 좋아할 리 없다."

아테나 여신의 꿈을 꾸고는 잠든 아리아드네를 보면서 몹시 갈등했어. 하지만 신의 뜻을 거부할 수는 없었지.

나는 빨리 아테네로 돌아가야 한다는 생각에 마음이 들떠 검은 돛 대신 하얀 돛을 올려야 한다는 것을 잊어버렸어. 멀리 검은 돛을 단 배가 오는 걸 보고는 아버지는 절벽 아래로 몸을 던지고 말았지. 나는 죄스러움과 후회로 심장이 터지는 고통을 맛보았지만 절망에 갇혀 있을 수만은 없는 일. 아테네의 운명이 내 손에 달렸으니까. 크레타섬에서 괴물 미노타우로스를 없앤 일로 내 명성은 더욱 높아졌어. 나는 더 나은 아테네를 만들기 위해 개혁의 칼날을 들었지. 그러고는 주변 도시들을 통합하여 더욱 강한 아테네를 만들었어.

오늘도 임무 완수! 나, 실천하는 영웅 테세우스답지? 내 모험담은 여기서 끝나지만, 영웅들의 모험은 계속된다! 영원히!

자, 그럼 기호 3번 테세우스에게 한 표를!

기호 4. 꽃보다 인내!
고난 극복 아탈란타

 와, 정말 기쁜걸! 내가 슈퍼히어로 최종 톱 4라니 말이야. 나는 태어나자마자 딸이라 왕위를 잇지 못한다는 이유로 버려졌지. 하지만 나를 버린 부모님을 원망하지는 않아. 세상에 갓 나왔을 때부터 죽음으로 내몰렸지만 기적적으로 살아남았고, 앞에 놓인 고난을 극복해 나갔거든. 또한 최고의 사냥꾼이 되어서 마음먹은 일을 모두 이뤄 냈어.

 그리고 마침내 이렇게 당당히 톱 4로 왕중왕전에도 올랐지. 나처럼 온갖 고난을 극복한 모든 사람을 대신해서 가장 빛나는 영광의 자리로 올라가겠어!

이름: 아탈란타
국적: 아르카디아
출생: 이아소스와 클리메네의 딸
배우자: 히포메네스

업적

최고의 사냥꾼으로 여자에 대한 고정 관념을 타파함.

황금 사과

영웅의 가방 속 아이템

어미 곰의 털, 아르테미스 여신에게 받은 활과 화살, 황금 사과.

신체 약점

달리기로 언제나 물집 잡힌 발.

필살기

바람보다 빠른 발, 신속한 상황 판단력,
뛰어난 후각과 청각으로 보이지 않는 적까지 찾아냄.

주요 무기

치명적인 발차기, 백발백중 활 솜씨로 원거리 공격에 최적화.

전투력 ★★★	수비력 ★★★	스피드 ★★★★★
공격력 ★★	담력 ★★★	회복력 ★★

나는 태어나자마자 파르테니온산에 버려졌어. 빛이 사라지고 숲이 어두워지면 야수들은 잠에서 깨어나 밤 사냥을 시작해. 그날 밤, 야수들은 풋풋한 살 내음과 얕은 숨소리를 놓치지 않았어. 갓난아기는 본능적으로 죽음을 알아채고는 처절하게 울부짖었고, 그 울음소리는 암곰에까지 닿았지.

울음소리를 따라온 암곰은 나를 동굴로 데려가서 키웠어. 간신히 목숨은 구했지만 또 다른 고난이 기다리고 있었지. 암곰에게는 새끼 두 마리가 있었는데, 녀석들과 경쟁해서 살아남아야만 했으니까. 나는 날카로운 송곳니도, 발톱도 없었지만 뛰어난 감각이 있었어. 옅은 냄새와 미세한 소리 하나 놓치지 않는 감각, 그리고 나를 위협하는 모든 것과 맨손으로 싸워 목숨을 끊어 내는 끈기, 그게 바로 내 무기였어.

그러던 중, 숲에 들어온 사냥꾼 한 무리가 나를 발견하고는 마을로 데려갔지. 하지만 암곰이 키운 거칠고 강한 여자아이를 마을 사람들은 달가워하지 않았어.

마을 여자들은 대부분 집에서 베를 짜고 아이를 돌보며 지냈지만 나는 그런 일에 도통 관심이 없었고 남자아이들하고 스스럼없이 어울리면서 산과 들로 뛰어다니며 자랐거든. 남자아이들 틈에서도 달리기와 사냥 실력이라면 내가 단연 최고!

"그리스 여자 중에 너 같은 사람은 처음이다."
"여자는 활 대신 바늘을 쥐어야 하는 거야."

사람들이 처음에는 나를 향해 혀를 찼지만, 내 사냥 실력을 알아본 사냥꾼들은 나를 데리고 다니면서 사냥을 가르쳤어. 사냥이란 목숨을 걸고 하는 일! 두려웠냐고? 천만에, 오히려 설레었지. 그건 누구보다 잘할 자신이 있었고, 가장 하고 싶었던 일이었으니까.

나는 사냥의 여신 아르테미스와 쌍벽을 이룰 정도로 훌륭한 여자 사냥꾼이 되었어.

여자 사냥꾼이 되어 종횡무진하던 어느 날, 카리돈에 황소만 한 괴물 멧돼지 한 마리가 날뛰고 있다는 소식이 들려왔어.

멧돼지 사냥이라니! 나는 사냥꾼의 피가 끓어올랐어. 게다가 고난을 함께 극복하자는 정신도 마음에 들고 말이야. 내가 고난 극복의 대명사잖아.

그 소식을 듣고 그리스 영웅들이 카리돈으로 몰려들었어. 미노타우로스를 죽인 테세우스, 아르고호 원정대의 대장 이아손, 뒷날 그리스 최고의 장군이 되는 아킬레우스의 아버지 펠레우스 등. 나는 뒤늦게 카리돈에 합류했지.

"아니, 여기는 힘센 영웅들만 모이는 곳이 아닌가?"

"여자가 괴물 멧돼지를 상대하겠다고?"

내가 나타나자, 사람들은 불편한 눈빛을 감추지 못했어. 하지만 멜레아그로스는 나를 향해 호기심을 드러냈어.

"오, 아름다움과 씩씩함을 모두 겸비하다니, 당신은 정말 완벽하군요."

멜레아그로스는 영웅들을 위해서 아흐레 동안 잔치를 열어 주었지.

드디어 열흘째, 멧돼지를 사냥하러 가는 날, 영웅들이 여자가 사냥에 끼면 나가지 않겠다고 버티는 거야. 이런, 여자라는 이유만으로 차별하다니!

나는 사냥 실력을 증명할 생각으로 한 발짝 물러섰지.

드디어 멧돼지 사냥이 시작되었어. 멜레아그로스와 병사들이 사냥개를 몰면서 앞장서고, 영웅들이 그 뒤를 따랐어. 나, 아탈란타는 그림자처럼 모두의 뒤를 몰래 따랐지.

멧돼지의 흔적을 찾아 얼마나 달렸을까? 사냥개들이 멧돼지 냄새를 맡고 컹컹 짖으며 풀숲으로 달려들자, 거대한 멧돼지가 모습을 드러냈지. 사냥으로 단련된 나조차 심장이 오그라들 정도로 커다란 덩치에 난폭하기 이를 데 없는 괴물 멧돼지였어. 한눈에도 녀석의 힘이 아주 강하다는 것을 알 수 있었지.

나는 카리돈의 멧돼지 사냥으로 이름을 떨치기 시작했고 곧바로 운명이 바뀌었어. 나를 버린 아버지 이아소스와 어머니 클리메네가 내가 딸인 걸 알아보고는 아르카디아 왕궁으로 부른 거야.

"오, 네가 정말 내 딸 아탈란타가 맞구나. 나를 쏙 빼닮아 정의롭고 용기 넘치는 아름다운 처녀로 자랐구나! 열 아들 부럽지 않아!"

"당연하죠, 우리 아탈란타가 이제 그리스 미인의 새로운 기준이 되었어요. 아, 자랑스러운 내 딸아!"

나는 아버지와 어머니를 사랑하려 노력했고 그분들의 뜻을 순순히 따르려고도 했어. 그런데 도저히 따를 수 없었던 건 내 결혼에 관한 거였지.

나는 단 한 번도 남자를 사랑해 본 적이 없었어. 아르테미스 여신처럼 결혼하지 않고 사는 것도 좋겠다고 생각했으니까. 하지만 부모님의 간절한 바람을 무조건 거절하기도 어려웠지.

아르카디아 왕궁에서 공주의 신랑감을 구한다는 소식이 알려지자, 구혼자들이 왕궁 앞에 몰려들기 시작했어.

"아탈란타 공주 미모가 그렇게 출중하다던데요."

"아르테미스 여신에 버금가는 사냥 실력도 가졌대요."

나는 어쩔 수 없이 조건을 하나 달았어. 누구도 '바람의 발바닥'이라 불리는 나를 이길 수 없을 테니까.

"나와 달리기를 해서 이기는 남자와 결혼하겠습니다. 단, 달리기에서 지는 남자는 목숨을 내놓아야 합니다."

무시무시한 조건을 달았는데도, 많은 남자가 죽음을 무릅쓰고 달리기 시합에 참여했어. 구혼자들이 몰려들어 날마다 달리기 시합을 했고, 최종 승리는 항상 나. 수많은 남자가 목숨을 잃었지. 나는 그들의 헛된 죽음이 너무도 안타까웠지만, 그렇다고 져줄 수도 없었어. 괴로운 나날이었지.

어느 날은 얼핏 보기에도 범상치 않은 새로운 구혼자 히포메네스가 나타났어.

'오늘은 저 사람이 죽겠구나!'

나는 안타까운 마음으로 다른 때와 마찬가지로 달렸어. 그런데 히포메네스가 달리다 말고 갑자기 황금 사과를 던지는 거야.

실수인 줄 알고 황금 사과를 챙겼는데, 히포메네스가 또다시 황금 사과를 던지지 뭐야. 나는 어리둥절했지만 급한 대로 또다시 챙겼어. 그런데 또다시……. 세 번째로 던진 황금 사과를 보는 순간, 나는 이상하게도 갑자기 다리에 힘이 빠졌어. 땅바닥에 떨어진 황금 사과가 마치 사람의 머리처럼 보였거든. 나와 결혼하기 위해 수많은 남자가 목숨을 걸었고 죽어 갔잖아.

나는 마침내 발을 멈추고 세 번째 황금 사과를 주워 들었어. 물론 이번에는 히포메네스에게 졌지만 기분 나쁘지 않았어. 그렇게 나는 히포메네스와 결혼을 했어. 그리고 나중에 들었는데, 히포메네스가 던진 황금 사과 세 개는 미와 사랑의 여신 아프로디테에게 받은 거래.

 나에게 반한 히포메네스가 아프로디테 여신을 찾아가 달리기 시합에서 이겨 나와 꼭 결혼을 하고 싶다고 간청했나 봐.
 "아탈란타와 결혼하게 해 주시면 아프로디테 여신님을 오래도록 섬기겠습니다!"
 아프로디테 여신은 고맙게도 간청을 들어주었고. 결혼과 함께 내 도전도 여기서 끝났냐고?

그래, 내 모험담은 여기서 끝나지만, 아쉽지 않아. 나는 내 능력의 한계까지 가 보았어. 그리고 여전히 내 삶 앞에 당당해. 내 삶의 주인은 나니까.

게다가 가장 기쁜 일은 내 도전에 용기를 얻었다며, 수많은 사람이 소식을 전해 주고 있다는 사실! 절망에 빠져 포기하려던 그들이 나를 보고 힘을 얻었대. 운명을 극복하고 용감하게 모험을 꿈꾸는 모든 사람을 응원해! 도전하는 너희가 모두 나 같은 영웅이고, 슈퍼히어로가 될 수 있어!

그럼, 기호 4번 아탈란타에게 한 표를!

에필로그

마침내 왕중왕전에 오른 최종 톱 4, 위대한 영웅들의 모험담을 모두 들었다. 그리고 이제 선택의 시간만이 남았다. 이들 중 가장 빛나는 최강 슈퍼히어로 자리에 오를 이는 과연 누구일까?

책임 완수의 아이콘 카드모스,
용기백배의 아이콘 헤라클레스,
적극 실천의 아이콘 테세우스,
고난 극복의 아이콘 아탈란타.

여러분은 누구를 뽑았는가?
여러분 가슴속에 별처럼 영원히 남을
슈퍼히어로는 누구?
그 사람이 바로 최강 슈퍼히어로이다!

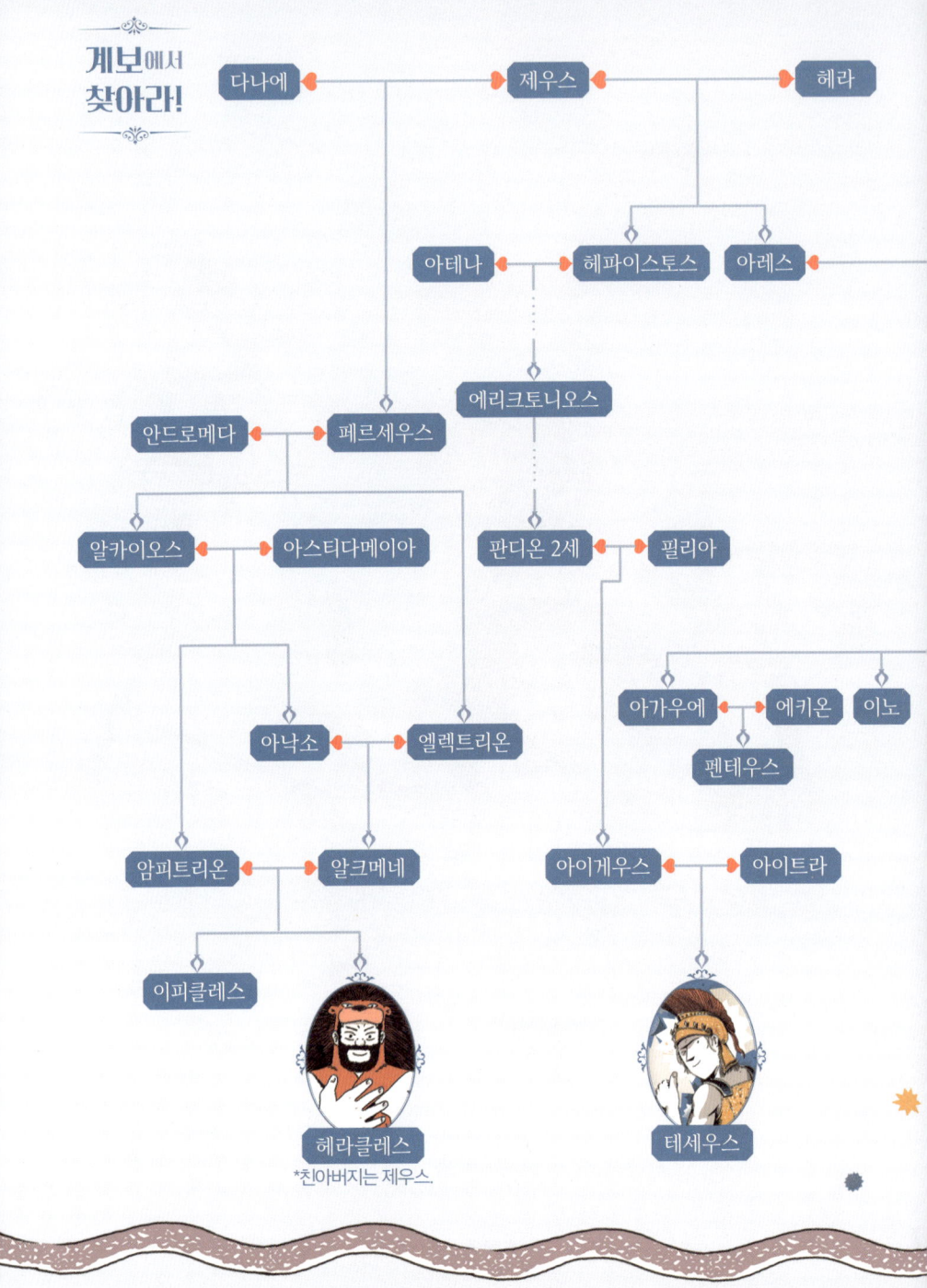

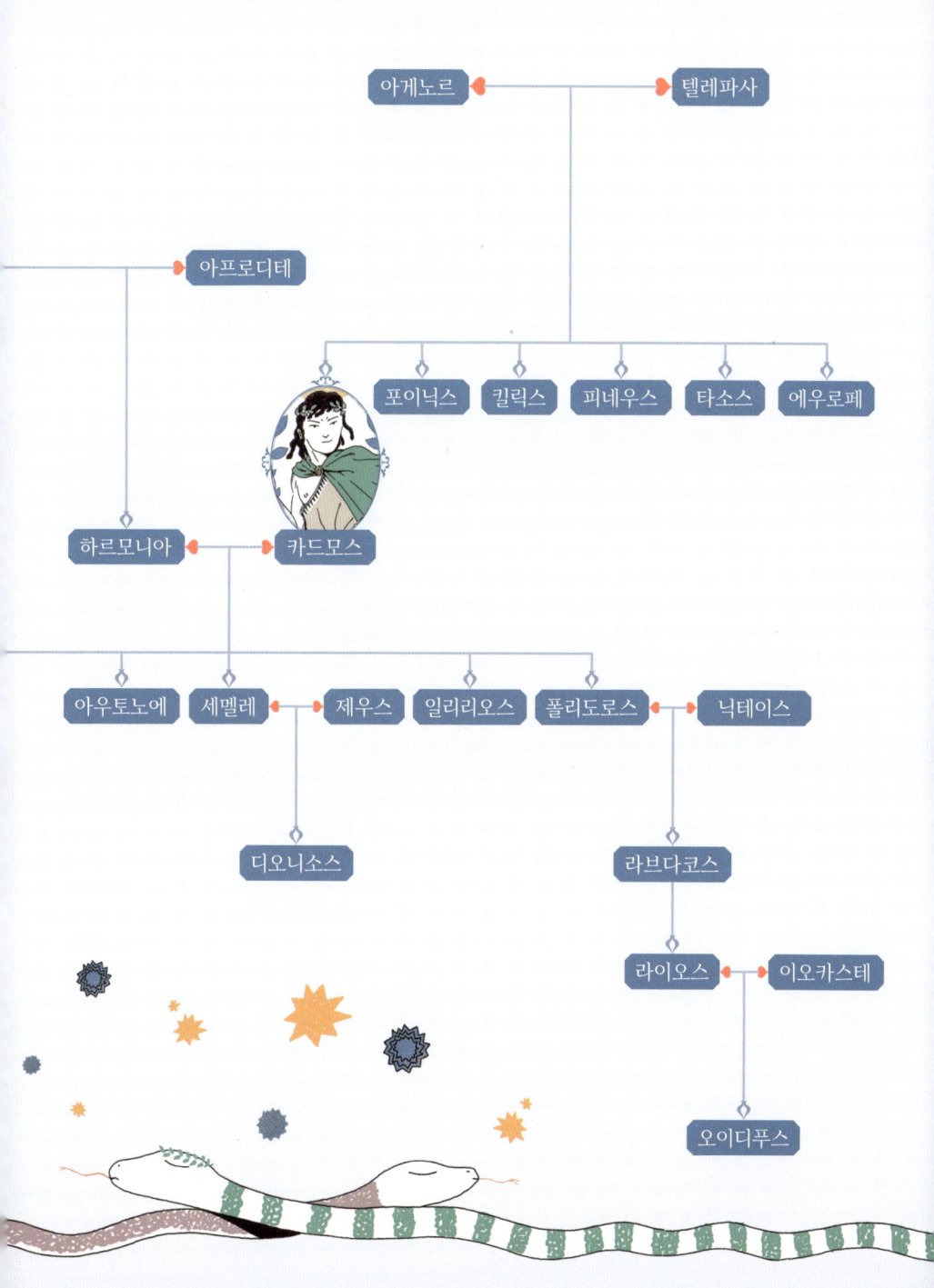

글 **송아주**

충남 천안에서 태어나 서울 강동구에서 신나게 뛰어놀며 자랐어요. 자라서 꿈에 그리던 동화 작가가 되었는데요. 오늘도 알차고 재미있는 이야기를 쓰고 싶어서 빨빨거리고 있답니다. 쓴 책으로는 『로봇 반장』, 『행복하게 나란히』, 『반창고 우정』, 『스마트폰 말고 스케이트보드』, 『전우치전』 등이 있습니다.

그림 **김규택**

이야기를 만나는 것은 늘 즐겁고 위안이 되는 일입니다. 이야기 속에서 제가 받은 감정들을 더 풍성하게 전해 줄 수 있는 사람이 되려고 노력 중입니다. 쓰고 그린 책으로는 『옛날 옛날』, 『세상에서 가장 큰 가마솥』이 있고, 그린 책으로는 『와우의 첫 책』, 『라면 먹는 개』, 『옹고집전』, 『서당 개 삼년이』, 『공룡개미 개미공룡』 등이 있습니다.

감수 **김길수**

건국대학교 철학과를 졸업하고, 같은 학교 대학원에서 박사 학위를 받았습니다. 현재 건국대학교 문과대학 교수로 학생들을 가르치고 있습니다. 'EBS 지식의 기쁨' 프로그램의 '상징으로 보는 그리스 로마 신화' 강의를 했고, 쓴 책으로는 『다시 쓰는 그리스 신화』 등이 있습니다.